La richesse de la vie

Junior Pérets

Couverture Canva :

https://www.canva.com/design/DAFTEMlXz9E/Es7gFPGSPUAROeG FWssqeA/edit

Edition Vision Biosphère

Voir la vie dans toutes ses possibilités

https://www.vision-biosphere.com/

ISBN : 9782958016852

Dépôt légal : Décembre 2022

À NOS ENFANTS

La responsabilité de l'éducation n'est pas seulement à celui qui la donne, mais aussi à ceux qui la reçoivent. Aucun parent ne voudra le malheur de ses enfants. Aujourd'hui, c'est l'insouciance et les jeux qui vous caractérisent. Dans quelques années, c'est la conscience et la responsabilité.

Remerciements

Je remercie ici :

Cristina Maria Pereira pour tout son amour à mon égard.

Boutheyna Garbaa pour ses précieuses corrections.

Jean Paul Babungu, Héritier Diniame, Kabeya Mwembia, Berto Y. Malouona Nzouzi, Mélissa Mwembia et Evanhove Madzou qui m'accompagnent dans ce métier passionnant.

Ma famille, le nid à partir duquel j'ai fait mes premiers pas et pris mon envol.

Tous ceux qui m'encouragent et me découragent. Que tous ceux qui se reconnaîtront dans la contribution de cette œuvre trouvent par ces mots l'expression de ma profonde gratitude. J'ai écrit avec vous. Je vous remercie aussi. Je ne saurais pas être plus explicite et plus certain dans le choix de mes mots.

Pourquoi j'ai écrit

Nous naissons tous nus, mais pas démunis. Colin Powell a dit : « Cherchez quelque chose que vous aimez faire et appliquez-vous et foncez. Il sera une source de satisfaction dans votre vie. » Marc Bénioff ajoute ceci : « On connaît la joie lorsqu'on trouve sa véritable raison d'être et qu'on s'en inspire dans notre quotidien. » ; « Chaque génération se croit plus intelligente que la précédente et plus sage que la suivante », a dit George Orwell.

Nous naissons tous ignorants et au fil de temps nous apprenons. Jusqu'à ce que l'on se rende compte qu'il y a des choses que nous devrons savoir avant de commencer. Ce n'est pas par entêtement que nous les ignorons, mais c'est parce que nous avons eu l'opportunité de le savoir au commencement. Mais ce n'est qu'en chemin que l'on s'en rend compte. La vie est un apprentissage au fil du temps. Nous ne cesserons d'apprendre. Tout dans la vie exige un bagage de connaissance : le mariage, la finance, le travail, l'emploi, etc. Chaque minute dans la vie est une leçon. Et une leçon mal apprise est toujours reprise. Il n'y a pas de nouvelles gaffes. Il n'y a que de nouveaux gaffeurs.

J'ai expérimenté des sujets que je vais développer dans cette réflexion. Ce sont des choses que je ne savais pas avant de commencer ma vie d'écrivain. Je l'ai appris avec le temps en observant, en écoutant les autres, en réfléchissant et en lisant d'autres écrivains. Il y a quelques éléments que j'ai puisés dans mes précédents livres. La vie est trop courte pour que nous puissions tout apprendre de nous-mêmes. Chacun de nous a une expérience du monde qui lui est propre. Les leçons que nous tirons de la vie varient d'une personne à une autre selon notre génération, l'endroit du monde où nous avons vu le jour et autres. Si vous visez une carrière d'artiste ou dans d'autres domaines de la vie, cette réflexion vous sera utile.

J'ai mis par écrit quelques éléments de la vie qu'il me tenait à cœur de vous partager. Si je le fais, c'est que je veux que vous puissiez apprendre dans le calme ce que moi j'ai appris dans les larmes. Ce que j'ai appris en plusieurs années vous pouvez l'apprendre en quelques minutes. C'est par solidarité, je ne veux pas que vous puissiez commettre les mêmes erreurs que moi.

Nos motivations n'ont pas changé :
- Dale Carnegie a dit : « Les idées les plus brillantes au monde sont sans valeur si vous ne les partagez pas ».

- Périclès a dit : « Celui qui a des idées et ne sait pas les faire passer n'est pas plus avancé que celui qui n'en a pas ».
- Rick Warren a dit : « Si on ne parle pas d'une chose, on en perd le contrôle ».
- Paul Arden a dit : « Partagez tout ce que vous savez, vous apprendrez plus ». Partager c'est multiplier.
- L'important est de ne pas laisser les bonnes idées vous filer entre les doigts. Une bonne idée peut changer le cours de votre vie et celle des autres si vous savez la capter.
- Un livre peut renseigner et faire évoluer quelqu'un.
- Chacun de nous a quelque chose à donner aux autres, voici la mienne.

Je transmets ce que j'ai appris. Pour moi, écrire c'est donner une longévité à la connaissance, une continuité au savoir, une fondation sur les réflexions du futur. Comme je ne crois pas à la réincarnation. Je préfère avoir plusieurs vies, dont celle d'un écrivain. Écrire pour moi c'est sortir des cases de la société actuelle. Je préfère vivre libre avec plusieurs vies qu'être prisonnier avec une seule vie. Écrire c'est ma contribution à la pérennisation de la connaissance et du savoir. Si j'écris, c'est parce que je n'ai pas voulu en rester au stade où notre connaissance ne sert qu'aux blâmes, aux critiques et aux remarques envers les autres. J'ai jugé utile de partager avec les autres ce que j'ai appris. Ainsi, je continue à apprendre de ce que j'ai moi-même écrit. Loin de moi la prétention de tout connaître. Mes lectures m'ont permis d'échapper à un monde pessimiste qui ne m'offrait aucun avenir. Ils m'ont transporté dans un univers de possibilités. Après la lecture d'un livre, le plus important ce n'est pas seulement ce que vous apprenez et les citations que vous retenez. Ce sont aussi les résolutions pour le changement que vous prenez pendant et après la lecture. D'où, lire un livre, c'est s'embarquer dans un voyage d'où on ne reviendra pas le même. Les connaissances n'ont de valeur que si vous les mettez en pratiques.

Ce que vous êtes

Vous n'avez pas besoin de vous faire accepter dans la société. Vous n'avez qu'à trouver votre place dans la société. En voulant plaire à tout le monde, le risque est de ne plus être vous-même. La vraie vie c'est de savoir qui vous êtes pour ne pas vivre de manière dispersée afin de vivre votre volonté et non pas par rapport aux autres. C'est pour que vous sachiez ce que vous voulez devenir pour ne pas dire et avoir le sentiment de n'avoir rien fait de votre existence.

Avant d'entendre les autres dire ce que vous êtes. Vous devez le reconnaître vous-même. Pour reconnaître ce que vous êtes, il n'y a pas de négociation à faire. Le monde d'aujourd'hui nous met dans des cases en nous limitant sur ce que nous devons faire ou ne pas faire. Faites ce que vous êtes capable de faire. Laisser les autres vous enfermer dans des cases. Vous n'êtes pas obligé d'entrer dans leurs cases. W.C. Field a dit : « ce n'est pas le nom qu'on vous donne qui compte, c'est celui auquel vous répondez ». Selon John C. Maxwell, il y a dans chaque individu six personnes suivantes :
- Celui que vous êtes présumé être ;
- Celui qu'on s'attend à ce que vous soyez ;

- Celui que vous étiez ;
- Celui que vous voulez être ;
- Celui que vous pensez être ; et
- Celui que vous êtes véritablement.

Moins on sait qui on est. Plus on a envie d'exister. On s'accroche à ce qui peut nous valoriser. On s'accroche à son image, son apparence et son rôle. Ce que vous êtes va au-delà de votre métier, de votre apparence physique, la beauté, votre intelligence, vos idées... Ce ne sont que des attributs. La société actuelle veut vous faire croire que vous devez ajouter quelque chose pour exister. Vous êtes déjà complet.

Beaucoup des gens ne sont pas heureux parce qu'ils ne s'acceptent pas tels qu'ils sont. Si vous n'êtes pas heureux vous-même, vous ne serez jamais heureux avec les autres. Votre relation avec vous-même détermine votre relation avec les autres. Chacun de nous a la responsabilité de la personne qu'il veut être. Il y a un proverbe qui dit : « vous ne pouvez pas empêcher un oiseau de voler sur votre tête, mais vous pouvez l'empêcher de créer un nid sur votre tête ».

Nous passons du berceau au bureau, puis du bureau au cercueil sans découvrir nos plus grands talents et notre potentiel caché. Tous les êtres humains possèdent des talents qui ne demandent qu'à être révélés a dit Tom RATH. Melki Rish a dit : « Quand tu estimes ta valeur personnelle, tu n'as plus besoin de l'approbation des autres pour te sentir quelqu'un ». Laurence Beffara ajoute ceci : « N'existez pas à travers les autres, mais à travers vous-même, et le reste suivra ».

La joie de vivre vient lorsque l'on trouve sa véritable raison d'être et ce qui inspire dans notre quotidien. Quelle est votre raison d'être ? Moi, j'ai trouvé ma raison d'être dans l'écriture. J'écris pour outiller les gens de manière à ce qu'ils puissent prendre des décisions plus éclairées pour leurs vies en voyant la vie dans toutes ses possibilités. Si j'écris, c'est parce que je n'ai pas voulu en rester au stade où notre connaissance ne sert qu'aux blâmes, aux critiques et aux remarques envers les autres. J'ai jugé utile de partager avec les autres ce que j'ai appris. Ainsi, je continue à apprendre de ce que j'ai moi-même écrit. Loin de moi la prétention de tout connaître. Mes lectures m'ont permis d'échapper à un monde pessimiste qui ne m'offrait aucun avenir. Elles m'ont transporté dans un univers de possibilités. Ralph Waldo Emerson a dit : « Il arrive un temps dans l'éducation de tout homme où il acquiert la conviction que la jalousie est de l'ignorance, que l'imitation est un suicide ». Chacun de nous a quelque chose qui le différencie des autres. Il est de la responsabilité de chacun de nous de le découvrir. Vous n'êtes et vous ne serez pas meilleur en tout. Vous devez être fiers de vous. La première démarche à faire est de se connaître personnellement. Chaque journée est comme le passage par un carrefour, nous avons trois possibilités :

- Se perdre par des mauvais choix ou mauvaises décisions ;
- Tourner en rond par le fait de ne pas savoir quels choix faire ou quelles décisions prendre ;
- Prendre le bon chemin par de bons choix et de bonnes décisions.

Nous avons trois options dans la vie. Nous pouvons être historiens, reporters ou futuristes. L'historien veut nous rappeler tout ce qui appartient au passé et tout examiner par ce filtre. Le reporter est vraiment attaché aux conditions et aux circonstances d'aujourd'hui. Le futuriste se concentre sur ce qui n'a pas encore été fait. Il dit qu'il y a encore beaucoup de choses à faire. Nous pouvons en faire plus. « Il y a encore du potentiel à exploiter », a dit Paul Martinelli. Chacun de nous a quelque chose qui lui permet de rugir comme un lion, s'affirmer comme un éléphant, courir comme l'antilope et surtout la facilité de voler dans les hauteurs comme un aigle.

La vie ne nous donne pas tout au même moment. Il y a des choses que nous n'aurons pas aujourd'hui parce que nous n'avons pas encore la maturité de les gérer. Il nous faut d'abord arriver au stade où nous possédons les choses au lieu que les choses nous possèdent. Chaque jour dans la vie est comme un examen. Nous ne pouvons pas passer au niveau supérieur tant que nous n'avons pas réussi au test. Ce test concerne nos relations avec les avoirs et les autres. Les avoirs ne sont pas plus que ce que nous sommes. Parce que ce que nous avons est le résultat de ce que nous sommes. Nous ne sommes pas supérieurs aux autres. Se comparer aux autres est un combat perdu d'avance. Si vous savez ce que vous êtes, vous savez qu'il y a certains endroits où vous ne pouvez pas être.

Ce que vous avez, vous pouvez le perdre. Vous ne pouvez rien faire avec ce que vous avez perdu. Vivre c'est l'art d'employer le reste. Dans la vie, nous ne prêtons plus attention à ce que nous avons. Avec ce que vous avez, vous pouvez avoir ce qui vous manque. Dans la vie, nous ne pouvons pas tout avoir. Parce que nous n'avons pas besoin de tout pour vivre. Chaque vie sur terre est comme une maison. Toutes les maisons n'exigent pas la même quantité de briques. Chacun de nous doit reconnaître ses besoins réels dans le présent et le futur. Les besoins des autres ne sont pas les vôtres. Nous ne devons pas envier les autres. Parce que derrière les avoirs, il y a un prix à payer. Si vous savez ce que vous êtes, vous n'avez pas besoin d'avoir pour être.

Pour ceux qui se définissent par le titre qu'ils portent, les titres ne vous définissent pas. Il faut que vous puissiez exister d'abord pour que le titre se colle à vous et non l'inverse. Il faut d'abord être avant de posséder. Je connais beaucoup de gens qui se donnent des titres sans contenu. C'est ce que l'on appelle la *titromanie*. Si tu ne te connais pas, tu vas courir derrière le titre. La vie n'est pas le titre que vous avez, mais comment vous vous définissez. Vous ne pouvez pas tout devenir. Le titre accompagne les compétences. Morgan Housel : « À chaque étape de notre existence nous prenons des décisions qui auront une influence profonde sur la vie de la personne que nous allons devenir ».

Le *toutlemondisme* (faire comme tout le monde) a fait régresser beaucoup de personnes. Lorsqu'on a des performances appréciées dans un domaine, les gens qui nous connaissent ne veulent pas de nos disciplines ; ils veulent que nous soyons comme eux. Or ce que nous devenons est le fruit d'un processus. Si on se laisse mordre à cet hameçon empoisonné, on restera que dans sa future cité de bouc émissaire. Le *toulemondisme* peut prendre la forme du *crabisme* dans le but d'être au même niveau (le crabe dans un panier, si un autre veut en sortir, il y en a un autre qui le ramène). Le plus grand besoin de l'homme, c'est se connaître lui-même. Travaillez l'intérieur et l'extérieur va suivre. Quel que soit votre statut, acceptez-vous en tant qu'être humain avec des forces et faiblesses, mais focalisez-vous plus sur vos forces, vos qualités, vos points positifs, qui font de vous la personne que vous êtes. Votre talent ne fera pas l'unanimité. Vous devez vous assumer, c'est ça qui vous rend unique. Ne laissez personne vous faire changer d'avis. N'ayez pas honte de vous. Il y a toujours plus grand que soi.

Tous humains

Personne ne se réveille un matin pour commettre une erreur, vivre des difficultés ou pour connaître un accident. Il y a des événements malheureux qui dépendent de nous et d'autres non. Lorsqu'ils arrivent, on se rend souvent compte qu'on était averti. Sur cette terre, comme l'a dit Frédéric Lenoir : « Les choses sont soumises à la loi universelle, celle de l'impermanence. Tout le monde est soumis au changement. Rien n'est stable, permanent, définitif. Les choses changent, les personnes changent, tout est en devenir. » Il ajoute cet exemple : « Vous pouvez posséder une magnifique voiture : on peut vous la voler. La crise covid nous a montré la vulnérabilité de tous sans exception. »

Le succès, les honneurs, le pouvoir, la célébrité et l'argent arrivent à nous distraire en nous faisant croire que nous sommes invulnérables et nous faisant oublier la nature humaine. Nous sommes tous différents, mais tous humains. Ne vous moquez pas de ce dont les autres manquent et que vous possédez. Il y a ce que Thomas Sammut appelle « le mythe de l'homme supérieur ». Un mythe, c'est une croyance erronée sur un sujet ou sur une personne, une tendance à exagérer ou à ignorer les compétences et les vertus d'une personne ou d'une chose, selon Athoms Mbuma. C'est l'image que nous avons de sportifs de haut niveau et de cadres dirigeants. Nous pensons à des superstars intouchables, inatteignables, que nous voyons comme des personnes exceptionnelles, affirmées, fortes et douées. Dans mon enfance, il y avait deux chanteurs congolais dont je ne citerai pas le nom. Je me posais la question : est-ce qu'un jour eux aussi allaient mourir ? Je ne voyais pas comment la maladie ou la mort passeraient par leurs corps. Avant que je n'atteigne mes vingt ans, les deux sont morts, l'un après un cancer et l'autre d'une crise cardiaque. Le mythe de l'homme supérieur n'est que dans notre imaginaire, pas dans la réalité. D'autre part, ce mythe nous handicape en nous faisant croire que nous sommes incapables et que les autres sont plus capables que nous. Thomas Sammut dit : « Il ne faut pas se laisser duper par le mythe de l'homme supérieur. Aucun être humain ne naît supérieur. » Il y a ce vieil adage qui dit : « la dure bataille de la vie, ce ne sont pas toujours les plus forts ni les plus rapides qui la gagnent ; mais l'homme qui tôt ou tard remporte la victoire est celui qui pense qu'il est capable ».

Souvent, dans la vie, lorsque quelqu'un commet une erreur ou vit des moments de difficulté, il y a ceux qui compatissent et d'autres qui se moquent. Souvent, ceux qui se moquent pensent que certains événements n'arrivent qu'aux autres, moi-même y compris, avant que je ne me rende compte que tout ce qui peut arriver aux autres peut aussi m'arriver. Tant que nous vivons, tout peut arriver, personne n'est à l'abri, quel que soit l'âge, la couleur de la peau et le statut social. Je ne sais pas ce qu'il en est de vous, mais moi, j'avais toujours critiqué les autres sans pour autant savoir que je serais là où les autres étaient. Il y a un proverbe africain qui dit : « Il ne faut pas se moquer de quelqu'un qui se noie, lorsque toi-même, tu n'as pas encore traversé la rivière ». « L'un des signes graves de l'immaturité, c'est de penser qu'on peut faire mieux que quelqu'un sans être dans sa condition », a dit Athoms Mbuma. Nancy Kawaya a dit : « C'est facile de juger les autres, mais s'autojuger correctement est souvent très difficile, voire impossible ». Voici quelques encouragements pour ceux qui subissent les moqueries. Daniel Kawata a dit : « Celui qui se moque de toi n'a pas de solution pour toi, mais c'est toi qui en as. Si les autres ont le droit de vous minimiser, vous, vous n'avez pas le droit de vous minimiser. » Un moqueur croit être déjà arrivé. Il ne fait plus rien. Il se croit parfait. Tandis que celui qui est l'objet de moqueries se remet en question. Il se perfectionne. Dale Carnegie a dit que dans toute critique, il y a un compliment voilé. Nous devenons aveuglés et souvent par nous-mêmes, mais nous nous moquons des autres. On ne voit pas la poutre devant soi, mais la paille qui est dans l'œil de l'autre. Dans la vie, nous ne pouvons pas faire plaisir à tout le monde. Il y aura toujours quelqu'un pour dire du mal ou même du bien de ce que vous avez fait. En d'autres termes, il y aura toujours un homme ou une femme pour juger, pour critiquer, pour se moquer de vous.

La plupart des gens se croient invulnérables, jusqu'à ce qu'ils vivent ce qu'ils ne croyaient pouvoir arriver qu'aux autres. Quelqu'un a dit : « Il n'y a pas de nouvelle gaffe, il n'y a que de nouveaux gaffeurs ». « Celui qui n'apprend pas des erreurs des autres va les répéter et deviendra une référence négative », a dit Roland Dalo. Nous devons approcher les autres pour pouvoir nous prévenir de ce qu'ils vivent. Il y a un célèbre proverbe ivoirien qui dit : « Quand la case de ton voisin brûle, hâte-toi de l'aider à éteindre le feu de peur que celui-ci ne s'attaque à la tienne ». On dit souvent : « Mieux vaut prévenir que guérir ». Il faut aider ceux qui font des erreurs et vivent dans des situations difficiles. Les moqueries, les railleries et les incartades découragent certains, alors que pour d'autres, c'est une source de courage. Ceux qui sont victimes de moquerie cherchent à s'améliorer pour que la prochaine fois, elle se transforme en félicitations.

Lorsque les difficultés commencent chez les autres, ne vous croyez jamais invulnérable. Ça peut aussi vous arriver. Notre réaction doit être l'humilité, car elle précède la gloire. L'orgueil précède la chute. Ne vous dites pas que cela ne vous arrivera pas. Dans la vie, il n'y a pas de frontières entre les événements heureux ou malheureux. Tant que nous aurons cette nature humaine, nous serons toujours vulnérables. Si vous étiez invulnérables, les différents types d'assurances ne devraient pas exister. Si vous avez réussi là où les autres ont échoué, ne vous dites pas que vous êtes supérieur à eux ; vous avez réussi, parce que vous avez observé leurs erreurs et échecs.

Nous avons le devoir d'aborder ceux qui ont commis des erreurs et qui sont dans le scandale parce qu'ils ont besoin de soutien ; pas parce que nous approuvons ce qu'ils ont fait, mais pour les aider à remonter la pente. C'est ici qu'il faut comprendre qu'on peut avoir une meilleure vie, mais c'est en se croyant toujours invulnérable qu'on aura un présent et un futur malheureux. On ne dit pas de chercher à tout savoir pour se prévenir, mais il faut ouvrir l'œil sur ce qui arrive aux autres. Au lieu de se moquer, soyons compatissants et tirons des leçons. C'est ainsi que l'on voit souvent des gens ne pas s'intéresser à ceux qui ont des problèmes. Or on oublie que ce qui arrive à l'autre peut aussi nous arriver. Si tu vois une personne dans des difficultés ou commettre des erreurs, c'est un avertissement pour toi-même. Tout le monde nous est proche. La souffrance des autres nous concerne aussi. Pour éviter les scandales et les erreurs, ce n'est pas une question de force, mais de prudence.

Pour les autres, nous sommes des magistrats. Pour leurs fautes et erreurs, ils doivent subir la rigueur de la loi, mais lorsqu'il s'agit de nous, nous devenons des avocats toujours sur la défensive avec des arguments pour justifier nos fautes et nos erreurs. Les erreurs des autres ne font pas de nous des êtres meilleurs qu'eux, mais c'est plutôt un signe qui nous prouve à suffisance que personne n'est à l'abri. Les erreurs des autres doivent nous servir de leçon.

Les autres

Vivre en pensant à ce que les autres diront c'est vivre dans une prison dans laquelle beaucoup sont sans le savoir. Une septuagénaire disait ceci à Elizabeth Gilbert : « Nous passons tous notre vie, entre vingt et quarante ans, à nous efforcer d'être parfaits, parce que nous nous soucions énormément de ce que les gens pensent de nous. Puis nous atteignons la cinquantaine et nous commençons enfin à être libres, parce que nous décidons que nous n'avons rien à faire de l'opinion d'autrui. Mais vous ne serez complètement libre qu'une fois que vous aurez atteint au moins la soixantaine, ou vous comprendrez en fin cette vérité libératrice : de toute la façon, personne n'a jamais pensé à vous ». La règle 18-40-60 : Lorsqu'on a 18 ans, on s'inquiète de ce que les gens pensent de nous. À 40 ans, on se fout de ce que les gens pensent de nous. À 60 ans, on réalise certainement que personne n'a jamais réellement pensé à nous. Les gens passent des journées à s'inquiéter de ce que les autres peuvent penser d'eux plutôt qu'à eux.

Ne vous plaignez pas de ce que les gens disent en mal de vous. Vous n'empêcherez pas les gens de parler mal de vous, car vous n'êtes pas responsable de leur bouche. Lorsque vous faites quelque chose, les gens trouveront toujours un élément pour critiquer. Si vous ne faites rien, on vous traitera de paresseux.

Dans la vie, il y a ce qu'Anthony Robins appelle la preuve sociale. Souvent lorsqu'on veut faire quelque chose, nous cherchons souvent à savoir s'il y a quelqu'un qui l'a déjà faite, s'il a réussi, pour nous donner une certaine confiance à réussir dans le futur. Si le monde était fondé sur la preuve sociale, la technologie actuelle ne serait pas à ce niveau, Galilée et Copernic n'auraient pas existé et Barack Obama ne serait jamais devenu président des États-Unis d'Amérique. N'attendez pas toujours pour faire ce que vous voulez, qu'il ait une personne qui l'a déjà accompli. Il y a toujours quelqu'un qui ouvre le chemin pour d'autre. Peut-être que c'est vous. Les autres vous diront toujours : est-ce que tu as une référence ? Tout dans la vie n'exige pas une référence.

Ce que nous avons c'est pour le partager avec les autres. Paul Arden a dit : « Lorsque l'on garde tout pour soi, on finit par vivre sur ses réserves et par se dessécher. Si l'on donne tout ce que l'on a, il ne reste plus rien. Cela force à ouvrir les yeux, à prêter attention, à s'alimenter. Plus on donne, plus on reçoit ». Annie Villard ajoute : « Le réflexe qui consiste à garder pour vous ce que vous avez appris n'est pas seulement indigne, il est aussi dangereux. Tout ce que vous ne partagez pas avec générosité est perdu. Vous ouvrez votre coffre et il ne reste que ces cendres ». « Nous n'aurons vécu utilement que quand nous aurons contribué à construire le bonheur des autres », a dit Radar Nishuli.

Personne ne peut vivre solitaire. Nous devons entretenir des relations avec les autres. J'ai écrit un livre sur les relations humaines intitulé : *Comment réussir avec les autres*. Dans toutes relations humaines, les quatre opérations de l'arithmétique interviennent. Il y a la soustraction de la solitude, une addition de vos différences, une division de vos responsabilités et une multiplication de vos capacités. Aucun humain ne peut vivre en solitaire. *Comment réussir avec les autres* est une réflexion sur les relations humaines qui utilise l'image de quatre opérations de l'arithmétique pour donner une compréhension globale de l'apport des relations humaines dans notre vie de tous les jours. Paulo Coelho a dit : « Le bateau est en sécurité dans le port. Mais ce n'est pas pour cela que les bateaux ont été construits ». Vous existez pour vivre avec les autres. Il n'existe pas de génie solitaire. Ne voyez pas les autres comme des ennemis à vie, mais comme des alliés.

Tout ce que vous ferez. Il y aura toujours la contribution d'une autre ou des autres personnes. La plus grande preuve est que vous n'existez pas par vous-même. Personne ne va résoudre les problèmes de ce monde seul.

Les idées

Frédéric Lenoir a dit : « Il ne faut pas que le réflexe remplace la réflexion ». Laurence Beffara ajoute ceci : « Le problème est qu'à notre époque et dans notre société, nous réfléchissons de moins en moins et nous laissons les autres le faire. Nous nous laissons mener comme un mouton dans un troupeau. Nous suivons souvent les autres ». Il faut se donner le temps pour réfléchir, mais pas une éternité. John C. Maxwell a dit : « La plupart des gens préfèrent agir plutôt que réfléchir. Ceux qui ont acquis l'habitude de réfléchir connaissent la réussite. » John Dewey a dit : « Nous n'apprenons pas de l'expérience... Nous apprenons de la réflexion sur l'expérience. ». Il n'y a pas de compétence plus importante que la réflexion. Aucune action n'est possible sans une bonne réflexion. Elle ne doit pas être un luxe, mais un mode de vie. La réflexion n'est pas facile, ce qui explique que la plupart des gens préfèrent mourir que réfléchir. Les gens sont devenus des esclaves du moment présent. Lorsque quelque chose se passe autour de nous, nous réagissons immédiatement et automatiquement sans réfléchir. Il ne faut pas vivre en mode réaction, mais en mode réflexion. Elle est la composante élémentaire de la motivation selon Dale Carnegie. La réflexion est la compétence la mieux payée. La réflexion produit les idées. Peu importe ce qu'on pourra vous dire, « les mots et les idées peuvent changer le monde », a dit Robin Williams. Une idée peut changer votre vie et vous faire gagner beaucoup d'argent. C'est du choc des idées que jaillit la lumière.

Notre planète n'est pas seulement peuplée par des hommes, des animaux et des plantes, mais elle est aussi peuplée d'idées. Derrière un tableau, une peinture, une chanson, un livre, une invention... il y a une idée. Les idées dans ce monde sont disponibles à tous, mais nous ne le captons pas tous au même moment. Les idées sont comme le soleil : pour certains c'est un indicateur qu'il fait jour, pour d'autres c'est une source d'énergie en le captant grâce à un panneau photovoltaïque. Pour les uns les idées leur traversent seulement la tête sans les capter, d'autres les captent et leur donnent une existence créative.

Les idées sont immatérielles, mais peuvent devenir matérielles en agissant. Une même idée peut passer par la tête de plusieurs personnes, mais c'est seulement celui qui agit pour la rendre matérielle en premier qui en devient l'auteur. Pour d'autres, ils disent qu'on leur a volé leurs idées. Si vous avez une idée, la première chose c'est de la capter en forme de schéma ou d'écrit, ensuite d'en faire une analyse pour savoir comment le mettre en œuvre. Il n'y a pas de grandes idées ni de petites idées. Une idée reste une idée. Elle vient du monde, de l'inspiration. C'est pourquoi, il ne faut pas chercher pas à avoir de grandes idées. Ceux qui ont eu l'idée du drive pour les magasins et fastfoods sont partis d'un simple constat. Lorsque vous avez une idée, il faut la structurer avant de le partager. La mobilisation des fonds n'est possible que si vous avez une idée à rendre concrète. Votre idée n'a de la valeur que si vous la partagez avec les autres. La discrétion ne vous fera pas avancer. Dale Carnegie a dit : « Les idées les plus brillantes au monde sont sans valeur si vous ne les partagez pas ». Périclès a dit des siècles avant Dale Carnegie ceci : « Celui qui a des idées et ne sait pas les faire passer n'est pas plus avancé que celui qui n'en a pas ». Les idées sont là, à la recherche des hommes pour les capturer et les rendre concrètes. Une idée vous quittera pour aller trouver quelqu'un d'autre. Une idée exige d'être accompagnée jusqu'au bout. Une idée grandit. Robert Collier a dit : « Toutes les richesses tirent leur origine de l'esprit. Elles résident dans les idées et non dans l'argent ».

Il y a des gens qui se disent : j'ai une idée et je crains que cette idée soit déjà exécutée. Mais ils oublient que ça n'a pas été fait par eux. Tout ce que nous faisons dans la vie est autobiographique. Nous pouvons avoir plusieurs boulangeries utilisant les mêmes ingrédients pour fabriquer le pain, mais les pains ont toujours des gouts différents.

Tout commence par une idée. C'est un grand atout pour l'homme. Sans les idées. Il n'y a pas de créativité. Vous devez accorder de l'importance aux idées. Pour bien gérer vos idées, vous devez :

- Recueillir les idées : ce livre était une idée que j'ai mise en œuvre. Les chanteurs ont l'habitude de recueillir les idées ou leurs inspirations en les enregistrant sur un dictaphone. Vous pouvez écrire vos idées dans un cahier. Aujourd'hui, il existe plusieurs applications dans le smartphone. Cette pratique vous évitera de les perdre et vous permettra de vous inspirer de nouveau. La mémoire étant la béquille de l'intelligence après enregistrement vous serez capable de mettre un lien entre les idées. C'est sur la base de cette dernière que vous allez commencer à travailler. Ce que vous écrivez, vous avez la capacité de l'exprimer et de le mettre pratique.

- Tester vos idées : parmi vos idées, il y aura celles qui fonctionneront. Moi je teste toujours mes idées de livres en échangeant avec les autres. S'il y a des échecs, il faut seulement les améliorer et les restructurer. John C Maxwell a dit que « toute idée féconde repose sur d'autres idées l'ayant précédée et entourées ». L'humanité progresse en prenant des idées existantes auxquelles elle fait des ajouts.

Les gens sont à la recherche de nouvelles idées, mais ne font rien pour les avoir. Les nouvelles idées viennent de la lecture, de l'observation, de la réflexion et des échanges. L'idée de ce livre m'est venue pendant la lecture du livre *Comme par magie* de Elizabeth Gilbert. Ayez seulement l'esprit ouvert, les nouvelles idées peuvent vous parvenir n'importe quand. Nous avons les idées, pour les mettre en pratique, il faut avoir la volonté de s'investir et d'investir l'argent, des efforts.

Le temps

Tout se fait dans le temps. On dit souvent que le temps c'est de l'argent ; or le temps c'est la vie. Dans la vie, vous n'aurez jamais tout le temps calme pour exécuter vos projets. Vous rencontrez n'importe quel artiste ou quelqu'un dans d'autres activités se plaindre qu'ils n'ont pas toujours le temps. J'ai vu beaucoup de personnes me dire qu'ils avaient des idées pour écrire des livres ou réaliser d'autres projets, mais qu'ils n'avaient pas trouvé le temps. Ils attendent d'avoir du temps calme sans dérangement sans pression. Je vous assure, dans la vie ce temps-là vous ne l'aurez pas. Il y a des gens qui veulent avoir plus de 24 heures dans une journée. Vous connaissez certainement cet adage célèbre : « Les endroits les plus riches de la terre sont les cimetières ». C'est dans ces endroits que vous trouverez des rêves qui n'ont jamais connu leur réalisation, des livres qui n'ont jamais été écrits, des inventions qui n'ont jamais vu le jour, tout simplement parce qu'ils n'ont jamais eu le temps.

Dans son livre intitulé *Maitre de votre temps maitre de votre vie* Bryan Tracy a dit : « la semaine se compose de 168 heures. Or, la personne moyenne travaille 8 heures par jour (40 heures par semaine) ; elle dort 8 heures par jour (56 heures par semaine) ;

et elle met 4 heures par jour (28 heures par semaine) à s'habiller, à manger ainsi qu'à se rendre au travail et à en revenir. Toutes ces taches occupent donc 124 des heures de sa semaine, lui laissant 44 heures libres ». Malheureusement, la majorité des gens consacrent le plus clair de leur temps en regardant la télévision ou à des divertissements quelconques, comme les médias sociaux, les conversations entre amis et autres loisirs. Nous avons tous 24 heures, mais nous ne les utilisons pas tous de la même manière. Il y a des métiers qui n'ont pas d'horaires précis. En plus pour réussir dans la vie, nous ne sommes pas tous obligés d'avoir un horaire classique de 9 h à 17 h par exemple. On ne fait que ce que l'on croit. Il y a des gens qui se croiront musiciens, écrivains, chanteurs, rêvant aux jours où une foule de gens les reconnaîtront c'est un suicide. Vous êtes ce que vous croyez être et faire. Ce que l'on croit c'est ce que l'on fait. La gestion de votre vie c'est la gestion du temps, c'est-à-dire de chaque instant.

La valeur que vous accordez à quelqu'un se voit par le temps que vous lui accordez. Il faut être ponctuel. Il est triste de voir des gens dans la vie qui n'ont pas de priorité. Ils prennent le secondaire pour le principal. Le dérisoire pour l'essentiel. Ils accordent la primauté à l'accessoire. Une dame m'a demandé un jour, comment tu fais pour écrire ? Tu as une vie de famille, tu viens nous rendre visite, tu travailles, quand est-ce que tu trouves le temps d'écrire tous ces livres ? Je lui ai répondu tout simplement que je trouve du temps. Parce que pour tout ce qui est important et urgent pour vous, vous trouverez du temps. Tout le monde a toujours un temps. Je ne suis pas contre les réseaux sociaux, mais on y passe beaucoup de temps. Un jour, j'ai vu sur mon compte YouTube que j'y avais passé 24 heures en une semaine, donc sur sept jours, j'ai passé une journée en train de regarder des vidéos sur YouTube. Je me suis rendu compte que c'était dangereux pour ma vie. Il faut dire que si vous diminuiez un peu votre temps sur les réseaux sociaux vous auriez du temps pour vos projets et vos proches.

Il y a deux types de temps : le temps privé et le temps public. Le premier, c'est le moment ou vous préparez ce qui arrivera dans le temps public. Le deuxième c'est celui où tout le monde vous connaît. Le temps n'épargne pas ce que vous faites sans lui. Beaucoup sont ceux qui n'aiment que la visibilité et les apparences. Mon père dit souvent que l'apparence est trompeuse, mais il y a des signes qui ne trompent pas. Une graine ne peut pas devenir un grand arbre si elle n'a pas été semée. La graine accepte une période obscure avant de bénéficier du soleil. Pourquoi nous, les humains, n'acceptons pas de nous préparer ? Le danger de notre génération est que nous voulons tout avoir en même temps. S'il n'y avait pas de montagnes, il n'y aurait pas de vallées, donc la vallée existe parce que les montagnes existent. Acceptez votre coulisse. Les dons, les talents et les capacités que vous avez ressemblent à de l'or. Il faut que cela passe par un traitement pour que les impuretés soient ôtées. Pour que votre vraie valeur puisse apparaitre. Elle apparait avec le temps.

On peut arrêter la course d'une voiture, mais pas le temps qui s'est écoulé. Tout se fait dans le temps. Il y a un temps pour tout. Tout évolue en fonction du temps. Etienne Klein a dit :

- Nous ne pouvons pas nous mettre en retrait par rapport au temps, comme nous pouvons certes le mesurer, mais non l'observer en le mettant à distance, il nous affecte sans cesse. Nous voudrions nous arrêter, et regarder couler comme passe une rivière en restant sur la rive, mais c'est tragiquement impossible. Nous sommes inexorablement dans le temps et nous ne pouvons en sortir. Le temps, pour nous, n'a pas d'extérieur.
- Nous ne pouvons pas non plus saisir le temps. Le mot « maintenir » c'est-à-dire « tenir en main » ne peut retenir ni appréhender le temps.

- Le temps n'est « une matière » pour aucun de nos cinq sens. Il n'est pas perceptible en tant que phénomène brut, même si l'homme est certainement le plus « temporel » des animaux, celui qui a le plus conscience du temps qui passe.

« Le temps est un capital précieux qu'il faut apprendre à gérer en fonction de ses objectifs, de ses capacités et de ses faiblesses. Ceux qui l'emploient mal sont les premiers à se plaindre de sa brièveté (La Bruyère). Le temps est assez long pour qui en profite. Qui travaille et qui pense étend la limite (Voltaire). Il est le trésor du pauvre, d'après un proverbe. Ce trésor n'est pas inépuisable ».

En ce qui concerne la mauvaise gestion de temps, il existe :

- **Les tueurs de temps** : tuer le temps est un meurtre impardonnable. Celui qui le gaspille s'expose à le regretter amèrement quand il en aura compris la valeur. Il est certaines activités que l'on accomplit pour « tuer le temps » comme s'il était parfois préférable qu'il soit mort. C'est ici qu'il existe le temps mort. Rien n'est plus vexant que d'avoir du temps devant soi et de ne pas savoir quoi en faire. Le remède à ce temps est la prévision de l'emploi.

- **Les chronophages** : une expression utilisée par H. Montherlant, les mangeurs du temps. Les éléments qui contribuent à la *chronophagie* sont : le désordre, la défaillance de la mémoire (on ne se souvient plus ou pas de ce que l'on doit faire), le dérangement, le temps mort, la mise en train.

- **Les passeurs du temps** : ici, le temps est considéré comme un liquide qui s'écoule sans pour autant l'utiliser. Des actions sans vision ne sont que des passe-temps.

- **Le retardataire permanent** : c'est-à-dire que lorsque vous avez un rendez-vous à 10 h 30, au lieu que cette heure vous trouve en ce lieu, c'est à cette heure que vous quittez la maison ou n'importe quel endroit où vous vous trouvez, sans tenir compte de la distance. C'est ainsi que la ponctualité est en train de disparaître pour certains. D'où lorsqu'il y a un retard, on s'attend toujours à une mesure de grâce. Or l'autre aspect de la grâce, c'est la responsabilité. Si nous avions des journées de 48 heures, nous nous plaindrions encore de ne pas avoir assez de temps pour faire tout ce que nous avons envie de faire. Pourtant, une journée comporte suffisamment de temps pour faire ce qui convient.

Notre problème tient au fait que nous avons du mal à cerner et à gérer nos priorités. Nous avons besoin d'apprendre à laisser tomber les choses secondaires et non indispensables qui réclament notre temps même si elles sont légitimes. Dire oui à ce qui nous parait essentiel et nécessaire, c'est-à-dire non au reste. C'est ce qui nous évitera de nous disperser dans toutes les directions.

Brian Tracy a dit : « Que vous soyez la personne la plus riche ou plus pauvre du monde, nous avons tous 24 heures devant vous. Vous êtes celui qui décide quoi faire d'elles, c'est une question de priorité ». Vous ne pouvez pas dire que vous n'avez pas le temps. Tout le monde est débordé, nous avons tous des journées de 24 heures. À la question de savoir comment trouver du temps, Austin Kleon a répondu ceci : « On le trouve entre ce qui compte : dans le transport, à l'heure du déjeuner, le soir une fois que les enfants sont couchés. Vous raterez peut-être votre série préférée, vous perdrez peut-être une heure de sommeil, mais vous trouverez le temps si vous vous en donnez la peine ».

La perfection

Robert Stone disait en plaisantant : « Les deux pires défauts imaginables pour un écrivain : c'est la paresse et le perfectionnisme ». Dans cette vie terrestre, il n'y a rien de parfait. Si c'était le cas, la technologie ne serait pas à ce niveau. Si vous voulez bien vivre, il ne faut pas être paresseux ni perfectionniste. Le perfectionnisme fera en sorte que vous ne puissiez pas avoir confiance en vous. Vous serez dans une éternité de recommencement. Pour commencer, il faut oublier la perfection. Nul n'est parfait et aucune activité n'est parfaite. Il est impossible d'atteindre la perfection. C'est un piège et un mythe de vouloir atteindre la perfection. La recherche de la perfection vous épuisera. Votre vie sera dans la stagnation jusqu'à la mort. D'après Rebecca Solnit : « Tant de nous croient à la perfection, qui ruine tout le reste, car le parfait n'est pas seulement l'ennemi du bien ; c'est aussi l'ennemi du réaliste, du possible et de l'amusant ».

Le seul moyen d'apprendre, c'est par l'expérience et les erreurs. Joan Littlewood, metteur en scène de théâtre a dit : « Celui qui ne se perd pas ne découvrira jamais de nouveau chemin. Ils ont tous compris que la voie du succès est pavée d'échecs et de tâtonnements ». Oser, c'est perdre pied momentanément. Ne pas oser, c'est se perdre soi-même.

Le perfectionnisme empêche de finir le travail qu'on a commencé. On ne se sentira jamais prêt. Il empêche aussi de commencer. Ceux qui sont adeptes de la perfection attendent que toutes les conditions soient réunies, comme en physique, dans les conditions normales de température et de pression. La plupart ont commencé avec l'essentiel, ce dont ils avaient réellement besoin. Notre père nous disait que dans la vie, il ne faut pas confondre l'essentiel et l'accessoire. Dans la vie, il y aura toujours quelque chose qui manque pour que ce soit parfait. Si tout était parfait, notre génération n'aurait plus rien à faire. Nous ne mènerons aucune existence créative. Entreprendre avec l'idée de la perfection tout ce que vous ferez ne sera jamais satisfaisant.

La perfection est une version haute de gamme de la peur, disait Elizabeth Gilbert. Elle vous dit que vous n'êtes pas assez doué. Elle vous fait perdre le temps. Quel que soit le temps que vous passez à améliorer ce que vous faites, quelqu'un arrive toujours à trouver un défaut ou une erreur. Vous devez être en activité pour réaliser votre potentiel. Vous n'avez pas besoin d'être le numéro un, mais de bien faire ce que vous savez faire.

Il faut bien faire les choses. La perfection n'est pas de ce monde. Tout ce que nous faisons a besoin de l'amélioration. C'est la raison pour laquelle, il y a la réédition de livre. La perfection c'est un piège et un mythe. Il est impossible de l'atteindre. Le perfectionnisme vous empêchera de rendre votre talent public. Il peut vous empêcher de commencer ou de finir ce que vous avez commencé. Il vous fait perdre du temps.

Vu que la perfection n'est pas de ce monde. La critique de ce que vous faites sera toujours d'actualité. Notre papa nous disait toujours que la critique est aisée, mais l'art est difficile. Il y a trois types de critiques :

- Les critiques négatives : Ce sont les critiques pour décourager. Vous avez fini dernier à un concours, au lieu de vous encourager, on vous traite d'idiot pour avoir échoué.
- Les critiques positives : ce sont les critiques où on vous montre vos erreurs et vos qualités en vous suggérant ce qu'il faut améliorer.
- L'auto critique : c'est une critique positive faite par vous-même.

Les critiques veulent dire ces trois choses :

- Elles cachent toujours un compliment qui veut dire que vous avez fait quelque chose. Si vous n'avez rien, on vous critiquera pour votre inertie ; mais si vous avez fait quelque chose, on critiquera votre œuvre
- Si elles sont négatives, c'est pour vous permettre de vous améliorer. Tant que vous n'avez pas reçu de critique négative, vous allez vous croire parfait.
- Les gens ont un regard sur ce que vous faites. Si vous le faites bien vous aurez des encouragements et des félicitations.

L'argent

D'après Morgan Housel : « Il y a deux sujets qui affectent tout le monde, que l'on s'y intéresse ou non : la santé et l'argent. Si en général les questions de santé sont personnelles, les questions d'argent sont plus systémiques ». Lorsqu'on parle de l'argent celui qui en parle est traité de cupide et avide. Si cela est toujours le cas, ce n'est pas que celui qui parle de la mort est un revenant. C'est simplement le fait que les gens veulent nier la vérité. Si les gens n'ont pas besoin d'argent, pourquoi dans nos villes il y a des embouteillages à cause des heures de pointe ? Les trains, les bus, les métros et les trames sont bondés parce c'est l'heure du retour à la maison, parce que nous allons ou revenons du travail. C'est pour un salaire que l'on travaille, même si l'argent n'est pas la seule motivation pour travailler, mais il en est des moindres des motivations. Les gens s'inscrivent à des formations pour un bon salaire, mais lorsque l'on parle d'argent les gens regardent ceux qui en parle comme des voleurs. Nous sommes une génération, où parler de l'argent est un tabou. Or nous en faisons usage tous les jours. Les marches et diverses manifestations sur la vie chère sont liées à l'argent, notamment la perte du pouvoir d'achat.

Anthony Robbins a dit : « L'argent fait partie de la vie de chacun d'entre nous ; ce qui importe c'est que vous le maitrisiez et qu'il ne vous contrôle pas. Vous êtes alors libre de vivre la vie à votre guise. Au bout du compte, l'argent n'est pas ce que nous cherchons. Nous cherchons les sentiments, les émotions que nous croyons qu'il peut occasionner : un sentiment d'autonomie de liberté, de sécurité, de pouvoir aider ceux qu'on aime et qui sont dans le besoin, d'avoir le choix et de nous sentir vivants. L'argent est assurément un moyen de transformer nos rêves en réalité ». Elizabeth Gilbert a dit : « si tu es financièrement indépendant et que tu n'ennuies personne, tu as toute la liberté de faire ce qu'il te plait de ta vie. L'argent est un moyen de transformer nos rêves ne réalité ». On dit souvent que l'agent est les nerfs de la guerre. « L'argent n'est que le résultat du travail bien fait », a dit Kabeya Mwembia. Ne faites pas les choses pour l'argent, mais pour satisfaire un besoin. Aujourd'hui, les smartphones sont devenus les incontournables de notre vie de tous les jours parce qu'ils contribuent à satisfaire le besoin de communiquer. La plupart des gens qui n'agissent que pour avoir l'argent ne l'ont pas eu. Ceux qui sont arrivés à l'avoir n'ont jamais su le garder. L'argent a pris des ailes. Que l'argent ne vous fasse pas perdre le sommeil, il faut apprendre à dompter ses attentes et à vivre en dessous de ses moyens.

Chacun de nous décide de son avenir financier. L'argent ne rend pas intelligent, mais l'intelligence permet d'avoir l'argent. L'ABC de l'argent n'est pas malheureusement enseigné dans les écoles. La plupart d'entre nous sont passés par l'étape du système scolaire ou académique sans avoir suivi le moindre cours sur l'argent. Parce que l'école survalorise les autres disciplines au détriment de l'argent. Alors que l'on apprend de nombreuses disciplines dans les études supérieures, l'argent est passé sous silence. À quel moment apprend-on alors à bien gérer l'argent ? Sur le terrain et à ses dépens ? L'école enseigne d'une part aux gens à avoir de l'argent et non à créer de l'argent. L'argent donne accès à la satisfaction de certains besoins, mais pas à tout. Il vous accorde certaines facilités. Il ne faut pas que l'argent dans la vie. Il faut plus se focaliser sur le besoin d'argent que sur l'argent, parce qu'il ne faut pas mettre le matériel au premier plan.

Dans la vie, il faut savoir payer ses factures. Quel que soit votre talent, vous pouvez trouver un job alimentaire et continuer à exercer vos talents. Vous pouvez tirer ou non de l'argent de votre talent, mais vous devez avoir une source de revenus. Selon Austin

Kleon, certaines œuvres d'art ont été faites pour l'argent. Il ne faut pas fuir les amis qui gagnent plus d'argent que vous. Réjouissez-vous de leurs succès comme s'il s'agissait du vôtre. Brian Tracy a dit : « selon la nature, on peut avoir autant d'argent que l'on désire, mais il faudra le gagner en se mettant au service des autres en fonction de ce qu'ils souhaitent obtenir, ce dont ils ont besoin et ce pour quoi ils sont prêts à payer ».

Il faut savoir que l'argent est bien. Tout le monde désire gagner plus d'argent pour acquérir une indépendance financière. Certes, l'argent aide, mais ce n'est pas tout ce dont nous avons besoin. L'argent ne suffit pas. Chacun de nous a le devoir de connaître les ingrédients qu'il faut pour mener à bien son activité. Ne pensez pas toujours que lorsque vous aurez une certaine somme, que vous pourrez commencer. Le jour où vous aurez cette somme, vous allez vous rendre compte de ce qui vous manque. Je vous prie de commencer avec ce que vous avez. Ayez d'abord un projet bien ficelé avant de trouver l'argent qu'il vous faut. L'argent n'est pas une fin en soi, mais ce n'est qu'un instrument de la vie. Même l'argent ne nous permet pas de régler nos propres affaires tout seuls. Ndoki Kitekutu a dit : « Si tout se monnayait, l'amour du prochain n'aurait plus sa raison d'être ».

Beaucoup de gens commettent encore l'erreur de croire que tous leurs problèmes se régleraient d'eux-mêmes s'ils avaient suffisamment d'argent. En soi, gagner plus d'argent ne nous dispense pas de l'aide des autres. Le succès financier n'a aucune valeur si nous ne pouvons pas le partager. Notre désir le plus profond est d'établir des liens étroits avec les autres. « Lorsque l'argent et le pouvoir poussent l'homme à l'arrogance, la maladie ou la mort viennent lui rappeler d'où il vient et où il va », a dit George Clooney. Ce n'est pas l'argent qui nous protège des difficultés, ni le niveau social, ni les métiers, ni les talents. Geronimo a dit : « Quand le dernier arbre aura été abattu, quand la dernière rivière aura été empoisonnée, quand le dernier poisson aura été pêché, alors l'homme s'apercevra que l'argent ne se mange pas ».

Les Plaintes

Une bonne partie des gens se plaignent toujours de n'avoir pas assez de soutien et de moyens. Ils se plaignent du fait que les choses ne fonctionnent pas comme ils les ont imaginées. Il y a plusieurs raisons pour que vous cessiez de vous plaindre :

- Les plaintes, les inquiétudes et les soucis tuent votre créativité. Le temps que vous passez à vous lamenter doit vous servir à réfléchir pour décanter la situation et penser à l'améliore au lieu de se plaindre.

- Vos plaintes vous rendent ennuyant auprès des autres. C'est vous qui avez choisi ce que vous voulez, ou ce que vous êtes en train de faire. Pourquoi vous plaindre ? Personne ne vous l'a imposé.

- Personne n'est à l'abri des difficultés. Ne pensez pas que vous êtes en train de souffrir plus que les autres. Si tout le monde se mettait à se plaindre, vous vous rendriez compte que votre situation est meilleure que celle des autres. Si ce que vous faites était facile, tout le monde le ferait.

- Chacun de nous est d'abord obsédé par ses problèmes avant de venir en aide aux autres. Il doit d'abord trouver sa solution. Depuis que vous avez commencé à vous plaindre avez-vous déjà trouvé quelqu'un pour venir vous aider ? vous constatez que vous parlez à un mur.

- Les plaintes produisent les découragements : Pour se sortir du découragement, il y a deux types d'encouragement celui des autres et celui de vous-même. Soyez votre propre motivation.

Il nous arrive à tous de passer par des difficultés, mais cela ne doit pas être une occasion de nous plaindre à vie. Il arrive dans la vie de tout le monde de se plaindre. Il faut plus chercher à s'en sortir que de s'asseoir sans solution. Certes, il y a des événements et des situations qui nous affectent. Mais ne perdez pas la main, restez en contact avec votre activité (art). Votre activité n'est pas une corvée, mais une passion. Dans la vie, tout a un prix, mais ce prix n'apparait pas souvent lors de la réussite. N'importe quel travail parait facile lorsque c'est quelqu'un d'autre qui le fait. Les obstacles que l'on rencontre sont invisibles aux spectateurs.

Dans la vie, rien n'est facile. Chacun de nous a vécu au moins une situation difficile. Tout est difficile avant d'être simple, mais pas impossible. De la même manière qu'une feuille de papier a un recto et un verso, la souffrance aussi a un recto et un verso. Le recto de la souffrance est la situation pénible connue. Le verso, ce sont les aptitudes (courage, foi, persévérance, confiance, etc.) que nous acquérons pendant cette période. « La vie est difficile » : cet aphorisme a fait la célébrité du psychiatre Scott Peck. Toutefois, ce n'est pas notre plus gros problème. C'est plutôt notre réaction face aux aléas de la vie. Le drame dans la vie n'est pas ce qui nous arrive. Mais, la manière dont nous les gérons.

Si quelqu'un s'assoit à l'ombre d'un arbre. C'est qu'il y a quelqu'un qui l'a planté. Leçon : Le monde existe depuis des millénaires. Il n'y a aucun problème qui manque de solution. La solution à ton problème se trouve quelque part. Il te faut trouver la bonne personne. Les soucis sont comme un fauteuil à bascule, ils vous occupent, mais vous n'allez nulle part.

Le soleil n'a jamais sauté un village parce qu'il est petit ou grand. Dans la vie, certaines personnes débutent sur la montagne, d'autres dans la vallée, certains dans une bonne famille, d'autres sans famille. L'essentiel est de développer une attitude positive pour surmonter les obstacles ou les contourner. Alors, quoi que vous enduriez, sachez que vous aussi vous avez une place à la table des rois. La souffrance est le seul moment de la vie où nous apprenons, ce qu'on n'a pas pu apprendre ailleurs. L'unique école qui n'échoue pas dans la formation de l'être humain, c'est la souffrance. Ce n'est pas ce que tu as qui détermine ce que tu auras. Ni, ce que tu manques qui détermine ce que tu n'auras pas. La vie ne nous donne pas tout au même moment. Ta vie dépend de toi. Mais, ton avenir dépend de ta vision. La vision, c'est voir la fin au commencement. En d'autres termes, c'est l'image mentale qu'on a de ce que l'on veut entreprendre. Kabeya Mwembia a dit : « Une vision sans action n'est que rêverie. Des actions sans vision ne sont que de passe-temps. La vie peut avoir les allures d'une pièce de théâtre ou d'un film. On peut commencer par le drame, passer par des aventures et finir dans le fantastique ».

Si le succès tarde à venir, ne vous plaignez pas. Austin Kleon a dit : « La réussite du jour au lendemain est un mythe. Sous le vernis de la plupart des succès "instantané", vous trouverez une décennie de labeur et de persévérance ». Aujourd'hui, toutes les conditions sont réunies pour nous décourager à entreprendre, étudier, à avoir de bonnes relations... L'essentiel pour nous c'est de voir la vie du bon côté et de voir les possibilités qui s'offrent à nous. Ne pensez jamais que vous êtes les victimes de la vie. En vous plaignant, vous n'allez rien changer. Vous n'êtes pas victime de la vie, ce sont vos actes. À un moment de la vie, il faut s'assumer.

Apprendre

Selon Laurence Beffara, le mot vie pourrait être remplacé par école. Nous sommes sur terre pour apprendre, pour évoluer, pour changer. N'avez-vous jamais entendu apprendre de ses erreurs ? Lorsque vous cessez d'apprendre, l'ignorance s'installe. L'école est importante, ce n'est pas une fin en soi, mais un commencement. Malheureusement pour certains c'est un aboutissement. La vie ne nous enseigne pas qu'avec les mots.

D'après Charles Aznavour, la pauvreté ne doit pas être une excuse pour ne pas apprendre. Au contraire, elle doit agir comme un moteur, avant de devenir levier et soulever le rideau de plomb de la misère. Apprendre ne doit pas être une contrainte, mais un plaisir débouchant sur le bonheur d'en savoir un peu plus. Les livres coûtent cher, me rétorqueriez-vous. Mais non ! il existe des collections de poches riches et intelligemment faites, dans lesquelles on peut aujourd'hui trouver de tout. On s'y construit, à moindre coût, une fantastique bibliothèque. « La curiosité ne subit pas la hausse de prix.

Sauf grâce exceptionnelle, il y a des choses seulement que le temps peut nous enseigner. Le temps nous ouvre les yeux sur ce que nous sommes. Ce que les autres sont. Et ce que la vie est. Dans son livre intitulé Père riche, père pauvre, Robert T Kiyosaki a dit : « la vie est le meilleur enseignant qui existe. La plupart du temps, la vie ne s'adresse pas à toi directement. Elle te bouscule et te pousse à droite et à gauche. À chaque poussée, la vie te dit : "réveille-toi, il y a quelque chose que je veux que tu apprennes". » Les enseignements de la vie nous apprennent que nous sommes tous différents et qu'il n'existe pas de formule universelle pour réussir. Mais les principes de la vie restent les mêmes pour tous.

Il y a des choses que tu commences à apprendre avec l'âge. La vie elle-même est une école. Elle est aussi un lieu, un cadre d'acquisition et de transmission des connaissances. Même si on n'est pas allé à l'école. Mais si on a vécu quelques années, on arrive à accumuler les connaissances. On arrive à connaître les résultats de certains actes à l'avance sans être prophète. La vie est une école sans auditorium, sans tableau, sans véritable professeur, sans étudiants, mais un cadre de transmission et d'acquisition de connaissance. Alain de Botton a dit : « celui qui n'a pas honte de ce qu'il était l'année passée n'apprend probablement pas assez ».

Lorsque l'on était enfants, les grands nous disaient que l'école était la clé de la réussite. Après les études, nous nous rendions de plus en plus compte que quelqu'un a changé le cadenas ou la serrure de la porte de la réussite. Ce que nous n'avions pas compris, c'est que l'école n'est pas une fin en soi, mais un commencement.

Il faut mettre en pratique ce que vous avez appris. Aucun livre de recettes de cuisine n'a jamais nourri celui qui ne se met pas à la tâche de cuisiner. Pourquoi les gens acceptent-ils de payer le prix de plusieurs choses, mais ne veulent pas payer le prix pour apprendre, en disant qu'ils n'ont pas le temps ni l'argent. Une citation vue sur les réseaux sociaux : « Quand le ventre est vide le gargouillement vous le rappelle, mais lorsque la tête est vide, elle ne le vous dira pas. C'est l'échec et la honte qui vous le diront ». Le prix à payer pour apprendre n'apparait pas directement, mais le temps va le faire voir.

Il ne faut jamais cesser d'apprendre. Vivre c'est apprendre. S'il vous arrive d'avoir le sentiment de ne rien vouloir apprendre, ou d'avoir trop de connaissances à cause de votre âge ou de diplômes obtenus, c'est que vous faites partie de la morgue de vivants. Un être humain meurt le jour où il cesse d'apprendre. Et son inhumation aura lieu après sa mort physique. Comprenez avec moi qu'il y a beaucoup de morts qui s'ignorent. Norman Cousin a dit : « Dans la vie, la mort n'est pas la plus grande perte, c'est plutôt ce qui meurt en nous pendant la vie ». La morgue de vivants est cette tendance de l'homme à ne vouloir rien apprendre et ne rien faire en espérant que sa vie va s'améliorer. Dans cette morgue, on croit que la vie est un coup de chance. La formation est chronophage. Ceux qui sont dans cette morgue disent à ceux qui apprennent qu'ils perdent leurs temps. Ils ont des excuses en permanence. Les excuses sont des panneaux de signalisation de sortie sur la route des progrès.

L'apprentissage n'est pas seulement lié à l'école. C'est un processus continu du passage de l'homme sur la terre. Je ne nie pas le rôle de l'école, mais c'est juste pour nous sensibiliser à l'apprentissage permanent. Notre père nous disait sans cesse : « être intelligent à l'école n'est pas suffisant, parce qu'il faut aussi avoir l'intelligence de la vie ». C'est-à-dire vivre avec un esprit ouvert pour apprendre et mettre en pratique dans la vie de tous les jours. Parce qu'il nous faisait comprendre qu'il y avait des choses qui ne demandaient pas à aller à l'école pour comprendre ce que nous n'arrivions pas à saisir. Nous apprenons seulement quand nous voulons être enseignés. Beaucoup de gens cessent d'apprendre parce qu'ils ont fini leurs études. Pour eux, leur éducation s'achève après l'obtention du diplôme tant attendu. Mais une bonne éducation nous prépare seulement à apprendre pour le reste de nos vies. Le temps nous ouvre les yeux sur ce que nous sommes. Ce que les autres sont. Ce que la vie est. Chacun doit prendre la décision d'apprendre ou d'inclure un temps d'apprentissage chaque jour et créer un environnement propice à l'apprentissage.

Commencer et finir

Aujourd'hui, vous pouvez presque tout commencer avec un smartphone : enregistrer vos soins, faire vos vidéos, prendre contact, vous former... Un écrivain n'a pas besoin de savoir s'il sera édité ou pas. Il doit d'abord commencer par écrire et finir pour penser à un éditeur. Il en est de même pour un peintre. Il doit finir ses tableaux pour penser à une exposition. Il y a des gens qui ont tué leurs talents ou leurs idées dès le commencement.

Commencer c'est prendre les risques. Le plus long voyage commence par le premier pas. N'attendez pas la permission de quelqu'un pour commencer. Dale Carnegie a dit : « La personne qui va plus loin est généralement celle qui a l'audace de se lancer. Aucun navire n'a jamais quitté le rivage sans prendre aucun risque ». Il ajoute cet exemple : « La tortue est une forteresse vivante. Sa carapace impénétrable la protège du danger. Néanmoins, si elle veut se déplacer, elle n'a pas d'autres choix que de sortir sa tête et son cou, s'exposant à toutes les menaces de son environnement. Comme la tortue si l'on veut progresser, on ne peut se retrancher derrière une protection infaillible. On doit tendre le cou pour avancer. Il faut commencer petit en ayant une grande vision. »

Beaucoup ont commencé en imitant. Elizabeth Gilbert a dit : « Tout le monde imite avant de pouvoir innover ». La vie c'est comme dans un stade. Il y a ceux qui ont décidé de jouer sur le terrain. Il y en a d'autres qui ont décidé de rester dans les gradins. « Pour ce qui est de l'avenir, il ne s'agit pas de le prévoir, mais de le rendre possible » (Antoine de Saint-Exupéry). Qu'est-ce qui nous garantit que ce futur tant attendu existera un jour ? Mais qu'est-ce qui nous empêche également de croire qu'il n'existera jamais ? L'idée ici, pour rendre ce futur accessible, est de procéder par petits pas, de mener des actions au quotidien qui tendent vers l'accomplissement de ce futur tant désiré. Faites des projets dans l'avenir, c'est là que vous allez passer le reste de votre vie. On s'habille en fonction de là où on va.

Selon Jim Rohn : « Bon nombre de gens ont peur de commencer parce qu'ils s'attardent sur de pénibles échecs du passé. Ces personnes portent des fardeaux qui pourraient fort bien les écraser à tout jamais s'ils ne s'en débarrassent pas. La vie est un mélange d'occasions et de difficultés ». Il ajoute aussi :

« Lorsque vous savez ce que vous voulez et le voulez vraiment, vous trouverez inévitablement le moyen de l'obtenir, car les réponses et les méthodes dont vous aurez besoin pour régler vos problèmes se présenteront à vous en cours de route. Tout le monde espère faire mieux. Mais l'espoir qui ne repose pas sur une solide planification peut vous être néfaste ». Ryan Holiday a dit : « On imagine souvent que le monde tourne à notre guise. On retarde les choses alors qu'on devrait les initier ». Selon Don Miguel Ruiz : « Agir c'est prendre le risque de sortir de votre coquille et d'exprimer votre rêve ». Le passé est constitué de deux mensonges : le contentement, pour ceux qui ont un passé difficile et un présent meilleur que le passé ; et le regret, pour ceux qui ont eu un passé meilleur et qui ont un présent difficile.

Ces deux mensonges poussent à la stagnation. Or la vie est une continuité. Ne dormez pas sur vos lauriers. L'ennemi de la réussite à venir est celui du présent. Ne regrettez pas ce que vous avez perdu. Vivre, c'est l'art d'employer les restes. Quel que soit votre passé, la vie continue. Pour un homme sage, hier est mort et demain est une vue de l'esprit. La véritable vie c'est celle qu'il y a sous mes pieds, c'est donc l'instant présent. Le synonyme du mot présent, c'est cadeau ; l'instant présent est donc un cadeau et mérite toute notre attention. Ce que vous construirez dans l'avenir ne fera que produire en détail ce que vous imaginez aujourd'hui. Si vous voulez savoir celui que vous deviendrez dans les années à venir, tout dépendra de ce que vous faites maintenant. Aussi, quelqu'un a dit : ce à quoi on accorde plus de temps, on finit par le devenir. Ce que vous êtes aujourd'hui est le résultat de ce que vous avez fait jusqu'à hier.

Personne n'a toutes les capacités au début, qu'importe ce que nous nous exerçons à faire, nos débuts sont toujours mauvais. Les bonnes intentions ne suffisent pas. On attribue au poète Samuel Johnson la phrase suivante : « L'enfer est pavé de bonnes intentions ». Beaucoup de gens savent ce qu'ils désirent, mais ne commencent pas à bâtir le pont entre l'intention et la réalisation. Leurs vies ne restent que dans l'intention. John C Maxwell a dit : « Une des raisons pour lesquelles les gens ne commencent pas par de petites choses est qu'ils croient devoir se trouver dans un endroit idéal avant de commencer. Si seulement je pouvais être à tel endroit, alors commencer serait plus simple. Or le seul endroit où quelqu'un peut commencer, c'est là où il se trouve ».

Lorsque l'on veut commencer, l'une des premières choses ce sont les obstacles qui viennent à l'esprit.

Ryan Holiday dit que l'obstacle est le chemin. C'est même le titre de son livre. Il dit ce qui suit : « L'obstacle sur le chemin ouvre la voie. N'oubliez jamais, dans chaque obstacle se cache une opportunité d'améliorer notre condition. Aujourd'hui, la plupart de nos obstacles sont internes. Ce n'est pas grave de se sentir découragé. Ce qui est grave, c'est abandonner. Tout est une occasion d'agir et de faire de votre mieux. Seuls certains égocentriques pensent sincèrement être surqualifiés ». JC Maxwell a dit : « La plupart des gens ne le savent pas, mais il est plus simple de passer de l'échec à la réussite que des excuses au succès. Ne pensez pas à ce que vous ne savez pas faire. Pensez plutôt à ce que vous savez faire. Il y a toujours une ligne de départ ». Montaigne, dans les Essais, inspirés de Sénèque : « Il n'y a point de vent favorable pour qui ne sait à quel port se rendre ». Ce qui signifie que, si on veut avancer dans la vie, il faut viser un port, un but et se donner les moyens de l'atteindre plutôt que d'errer sans objectif.

Les gens ne finissent pas ce qu'ils ont commencé, ils se lancent dans des projets ambitieux en ayant les bonnes intentions, mais en chemin ils s'embourbent dans les doutes, la peur et les incertitudes et ils arrêtent. Saisissez les occasions qui s'offrent à vous. Les occasions se trouvent tout autour de vous, soyez

prêt à commencer près de vous. Rick Warren a dit :
« Les grandes occasions ont souvent l'aspect de
petites tâches. Les petites choses de la vie déterminent
les grandes. Ne cherchez pas à accomplir des actes
spectaculaires ». Il ne faut pas attendre le moment
parfait pour commencer. Ce moment ne viendra
jamais ; autant donc, vous y mettre tout de suite. Si
vous ne vous y mettez pas, l'année prochaine, vous
aurez un an de plus et vous ne saurez jamais
commencer. Le philosophe grec Aristote a fait
observer : « Nous sommes ce que nous faisons de
manière répétée. L'excellence n'est donc pas une
action, mais une habitude ». Pour bien parler en
public, il n'y a rien de magique. Il ne suffit pas
d'attendre. Il faut y travailler. Jim Rohn a dit : « La vie
est un mélange d'occasions et de difficultés. Or
l'important dans la vie n'est pas de connaître une
théorie sur la façon dont les choses sont censées
fonctionner, mais d'agir de façon que les choses
puissent bouger ou changer. Bref, il n'y a que les
connaissances appliquées qui comptent ».

Nous ne sommes pas les premiers à vivre sur la terre.
Il y a ceux qui ont vécu avant nous. Si vous attendez
que vous puissiez tout apprendre avant de
commencer, vous allez attendre jusqu'à votre mort. Il
y a des choses que vous allez apprendre et faire en

observant. N'attendez pas de tout savoir et avoir pour commencer. Je ne suis pas contre la gestion prévisionnelle. Il faut commencer avec les moyens de bord.

La richesse de la vie

Chaque événement heureux ou malheureux dans notre vie de tous les jours ne doit pas nous empêcher de voir la vie du bon côté. Car il y a toujours une leçon qui nous permet de mieux vivre dans l'avenir. Ce sont ces leçons qui enrichissent notre vie. C'est ce qui rend notre existence riche. Cette richesse que chacun de nous a accumulée peut être transmise d'une personne à une autre et d'une génération à une autre. C'est pour que ceux qui viendront après nous ne puissent pas perdre le temps que nous avons perdu et qu'ils ne tombent pas dans le même piège que nous. Qu'ils puissent avoir de bons fondements. C'est ce que j'appelle la richesse de la vie. La richesse n'est pas seulement ce que nous avons de tangible. La richesse n'est pas ce que l'on a dans les mains, mais celle qu'on a dans le cœur et dans la tête et qui produit ce que l'on a dans les mains. Cette richesse n'est utilisable que de son vivant.

Références bibliographiques

Gilbert E., *Comme par magie*. Édition Livre de poche, 2015.

Robbins A., *L'argent l'art de le maitriser*. Édition un monde différent,2015

Hardy D., *L'effet cumulé*. Édition Diateino, 2020.

Pérets J., *Comment réussir avec les autres : les relations humaines comme une arithmétique,* Vision Biosphère, 2018.

Housel M., *La psychologie de l'argent*. Valor Editions,2020.

Pérets J., *La vie continue quel que soit votre passé*. Vision Biosphère, 2020.

Pérets J., *Les pouvoirs de la parole en public*. Vision Biosphère, 2020.

Kleon A., *Montrez votre travail*. Éditions Pyramyd, 2018.

Tracy B., *Maitre de votre temps maitre de votre vie*. Éditions du Trésor caché,2018.

Carnegie D., *Comment avoir une vie plus riche*, Le Livre de Poche, 2020.

Beffara L., *Le Développement Personnel a eu raison de mon Secret*. Amazon,2019.

Kiyosaki TR., *Père riche et père pauvre*. Éditions un monde différent, 2015.

Ntoto C.,*C'est moi et ça me va !* ECKI Publications,2018.

Les livres du même auteur

1.Comment réussir avec les autres : Les relations humaines comme une arithmétique

Dans toutes relations humaines, les quatre opérations de l'arithmétique interviennent. Il y a la soustraction de la solitude, une addition de vos différences, une division de vos responsabilités et une multiplication de vos capacités. Aucun humain ne peut vivre en solitaire. Comment réussir avec les autres est une réflexion sur les relations humaines, qui utilise l'image de quatre opérations de l'arithmétique pour donner une compréhension globale de l'apport des relations humaines dans notre vie de tous les jours.

2.Les Pouvoirs de la parole en public

La parole a des grandes contributions dans notre vie de tous les jours. La parole en public nous octroie des pouvoirs. Chaque jour, nous sommes appelés à parler en public et à voir les autres le faire. Et souvent dans la vie ce que nous faisons quotidiennement ne nous permet pas, parfois, de nous rendre compte de la contribution apporté dans notre vie.

3.La Vie continue quel que soit votre passé

Pour beaucoup, les souvenirs les hantent. Ils laissent leur passer déterminer leur futur. Souvent, ils se punissent eux-mêmes inconsciemment en sabotant leur propre réussite. Nous sommes le résultat de notre passé, nous ne sommes pas obligés d'en être captifs. Mark Twain a dit : "Faites vos projets dans l'avenir. C'est là que vous allez passer le reste de votre vie". On s'habille en fonction de là où l'on va. Mais le passé comporte un autre problème, et c'est exactement l'inverse. Il est difficile pour celui qui regarde trop son passé de voir son avenir.

4.Comment passer du rêve à la réalité

Votre rêve commence à se réaliser le jour où vous êtes conscient d'en avoir un. Ce qui exige de commencer là où vous êtes. Il n'y a pas un pays de rêve. Il n'y a que de pays où les rêves se réalisent. Il n'y a pas d'hommes, ni de femmes de rêve. Il n'y a que des hommes et des femmes qui réalisent leurs rêves. Pour accomplir votre rêve, il vous faut un plan. Il permet de répondre aux questions : qui, quoi, pourquoi, comment, quand, avec qui et combien ?

5.Comment vivre dans un monde en crise

Les crises sont des moments auxquels nous ne nous attendons pas, qui nous exigent de faire des choses que nous ne faisons pas d'habitude. Elles sont des alarmes pour éveiller notre créativité ; c'est ainsi que l'on peut dire que les crises sont des moments de progrès. Les grandes questions : comment allez-vous les gérer ? Est-ce que vous allez abandonner ? Est-ce que vous allez permettre aux circonstances de vous rendre misérable ? Est-ce que vous allez tenter de faire mieux ? La vie ne présente aucune garantie. Nous essayons de nous protéger par toutes sortes de moyens : parapluie, airbags, alarmes contre les cambrioleurs...Le problème dans la vie n'est pas ce qui nous arrive mais la manière dont nous le gérons. La première gestion est au niveau mental.

6.Un regard dans le passé pour un avenir meilleur

Pour un homme sage, hier est mort, demain est en vue de l'esprit, la véritable vie c'est celle qui a sous mes pieds, c'est donc l'instant présent. Le synonyme du mot présent, c'est « cadeau » ; l'instant présent est donc un cadeau et mérite toute notre attention. Ce que vous construirez dans l'avenir, ne fera que produire en détail ce que vous imaginez aujourd'hui. Si vous voulez savoir celui que vous deviendrez dans les années à venir, tout dépendra de ce que vous faites maintenant. Aussi, quelqu'un a dit : ce à quoi on accorde plus du temps, on finit par le devenir. Ce que vous êtes aujourd'hui est le résultat de ce que vous avez fait jusqu'à hier.

7.Le changement commence ici

La vie est comme un long voyage avec beaucoup d'étapes. Pour les connaisseurs du voyage, on ne peut voyager qu'avec ce qui vous servira pendant le trajet. Le changement, c'est prendre ce qui vous sera utile. Vous êtes le seul à savoir ce qui vous est utile et inutile. Dans la vie sur la terre, rien ne reste immuable. Le monde est soumis à une grande loi universelle : celle de l'impermanence. Tout dans le monde est soumis au changement. Rien n'est stable, permanent, définitif. La plupart des gens désirent le changement, alors que ce qu'ils ont besoin d'abord, c'est d'être responsable. Le changement vous positionne pour l'avenir. Si vous

voulez réussir ou échouer le reste de votre vie, tout
dépend des changements effectués.

Table des matières